Gina Samba
y Robert Garcia

Salimos a buscar setas

laGalera

Primera edición: septiembre del 2024

Créditos de las fotografías:
AleksandarMilutinovic © Shutterstock: 12. ArtSvetlana © Shutterstock: 18.
dabjola © Shutterstock: 39. Elkhophoto © Shutterstock: 21.
Emilio100 © Shutterstock: 16. FotoHelin © Shutterstock: 34.
Henri Koskinen © Shutterstock: 36. Iacko64 © Shutterstock:57.
Irina Vinnikova © Shutterstock: 63. Iwciagr © Shutterstock: 27.
Jaroslav Machacek © Shutterstock: 46. Joan Carles Juarez © Shutterstock: 40.
Jolanda Aalbers © Shutterstock: 45. Jon Benedictus © Shutterstock: 50.
Kletr © Shutterstock: 42. LFRabanedo © Shutterstock: 15, 33.
LianeM © Shutterstock: 31. Pavlo Burdyak © Shutterstock: 60.
Sarah2 © Shutterstock: 22. SariMe © Shutterstock: 24.
Schankz © Shutterstock: 58. Stephen Farhall © Shutterstock: 28.
Valentyn Volkov © Shutterstock: 49. Vlad Siaber © Shutterstock: 54.

Dirección editorial: Pema Maymó

La Galera
Perú, 186
08020 Barcelona
www.lagaleraeditorial.com

Impreso en Novoprint
Depósito legal: B 15616-2024
ISBN: 978-84-246-7514-1
Impreso en la UE

Índice

¿Qué debes saber?

¿Qué es una seta?

La seta no es ni un animal ni un vegetal, sino que pertenece al reino de los hongos. En realidad, la seta es el fruto del hongo.

El hongo es un conjunto de filamentos, llamado *micelio*, que crece bajo tierra, y la seta es el fruto que sale a la superficie para dispersar las esporas, que están en las láminas, y así reproducirse.

Las setas crecen en lugares húmedos y cada una busca el entorno más favorable para crecer. Las puedes encontrar en los claros del bosque, en los márgenes de los caminos, buscando el sol, o en lugares fríos. Las verás incluso cercar del mar y en terrenos de alta montaña. En grupos muy numerosos o más bien solas.

Casi todas las setas crecen durante los meses de verano y otoño, aunque es posible que, durante la primavera o ya entrado el invierno, encuentres alguna especie despistada.

Partes de la seta

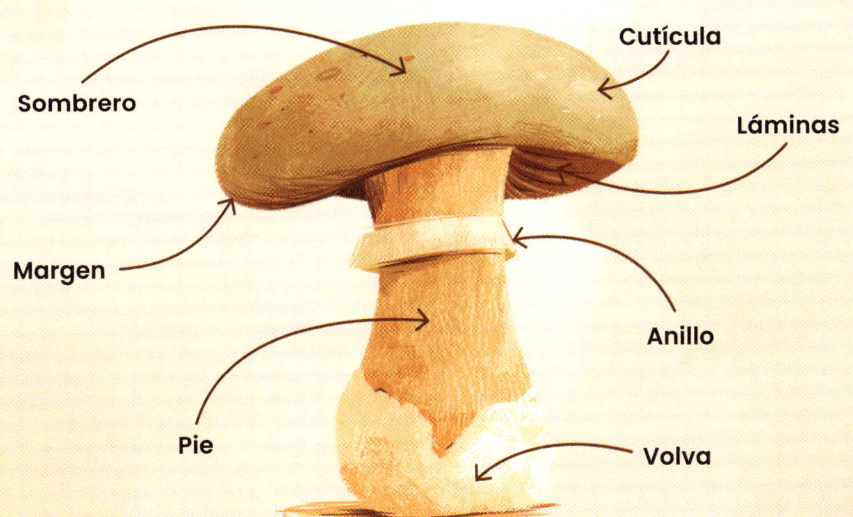

¿Por qué las setas tienen un nombre científico?

Todas las especies vivas tienen un nombre científico en latín, que indica el género y la especie. Sirve para que todo el mundo, hable la lengua que hable, sepa exactamente a qué especie nos estemos refiriendo. El nombre vulgar es el nombre que recibe la seta en cada una de las lenguas.

¿Qué necesitas para salir a buscar setas?

Una **cesta** que sea abierta para que corra el aire y no se pudran las setas. Además, mientras caminas con la cesta cargada, las setas van soltando sus esporas y así se van sembrando nuevas setas. ¡Nunca las pongas en una bolsa de plástico!

Un **cuchillo** para cortar las setas a ras de suelo o para hacer palanca y arrancar toda la seta de raíz.

Un **cepillo** para limpiar las setas de tierra o insectos que pueda tener al cogerlas.

Buen calzado y ropa cómoda para poder adentrarte en el bosque de forma segura. Si llevas unas buenas botas, no resbalarás y te protegerás de la humedad. Lleva ropa que te permita moverte bien y no te sepa mal ensuciar. Mejor ir con pantalones largos y manga larga para evitar los rasguños con las ramas.

Una **buena guía** para identificar las setas comestibles o, más importante aún, para reconocer las que son tóxicas y no debes tocar bajo ningún concepto.

¡Atención!

Si no sabes seguro si la seta es buena, no la cojas, ni la arranques para comprobarlo y después tirarla. Tampoco la aplastes y procura no remover las hojas de alrededor porque estarías destruyendo el ecosistema y perjudicarías el equilibrio del bosque. Las setas pueden ser tòxicas para las personas, pero cumplen una función en la naturaleza.

Consejos para adentrarte en el bosque

- Prepárate para caminar y evita acercarte demasiado con el coche.
- Ve siempre con alguien y no pierdas nunca la referencia de los caminos principales. En el bosque es muy fácil perderse.
- Procura no ensuciar el espacio natural ni interferir en el ecosistema pisando el musgo, rompiendo ramas, removiendo hojas, cogiendo flores...
- Si tienes que abrir una valla, asegúrate de que después quede bien cerrada. Las vallas son importantes para que no se escape el ganado. ¡Vigila porque pueden estar electrificadas!

Setas
para
comer

Colmenilla

(Morchella rotunda)

¿Cómo es?
Su sombrero es cilíndrico y ovalado, con unos agujeros irregulares. Es de color amarillento o marrón claro. El pie puede ser blanco o marrón muy claro. Aunque normalmente mide entre 10 y 12 cm, puede llegar a 25 cm.

¿A cuál se parece?
A otra seta del mismo grupo que se llama colmenilla cónica (*Morchella conica*). De hecho, todas las setas de este grupo tienen el mismo aspecto, pero no hay peligro porque todas son comestibles.

¿Dónde podemos encontrarla?
En praderas, en las riberas de los ríos y en plantaciones de árboles frutales. Casi en cualquier tipo de bosques: encinares, robledales, hayedos, pinares... La encontrarás en tierras removidas, bosques desbrozados y ¡hasta quemados!

¿Cuándo?
En primavera. Es una de las primeras setas de la temporada.

Un truco para encontrarla
La colmenilla es una seta muy caprichosa, no le gustan las bajas temperaturas. Búscala por los límites del bosque orientados al sud, expuestos al sol. A medida que avance la primavera, ve mirando más hacia el norte. No la busques dentro del bosque, sino en los claros.

Debes saber que...
Uno de sus lugares favoritos son las tierras removidas. La puedes encontrar donde los animales hayan removido la tierra, donde los forestales hayan estado trabajando con maquinaria, en las riberas de los ríos donde se haya depositado tierra o en bosques desbrozados.

Una curiosidad
Puede aparecer en tierras quemadas por un incendio, al menos durante los dos años posteriores. Es muy curioso ver cómo la seta surge de la tierra negra, quemada y sin vida.

Lo mejor de esta seta...
¡Le encanta la lluvia! Una buena lluvia hace crecer muchas colmenillas.

¿Qué la hace especial?
Es una de las setas más apreciadas, pero también es caprichosa. Si no se dan las condiciones que a ella le gustan, no aparecerá. Hay temporadas en las que casi no se ha visto ninguna.

En la cocina
Su aroma mejora si se seca. Se pueden secar atravesándolas un hilo y colgándolas como si fuese un embutido.

Un truco para encontrarla
Crece formando círculos o largos caminitos de muchos ejemplares allí donde la hierba es más oscura y crece alta.

Debes saber que...
Cuando esta mojada tiene colores vistosos; en cambio, cuando está seca pierde su brillo y es más bien pálida.

Una curiosidad
Hay otras especies de *Marasmius* que son minúsculas y crecen sobre restos vegetales, como en los nervios de una hoja. Las hay que son tan pequeñas que ¡hasta crecen en las agujas de los pinos!

Lo mejor de esta seta...
Si la coges con cuidado, el año que viene volverá a crecer en el mismo sitio, así que, si te acuerdas de dónde estaba, encontrarás más.

¿Qué la hace especial?
Cuesta mucho arrancarla con los dedos: puedes girarla y hasta darle una vuelta y media sin que se rompa.

En la cocina
Estas setas son ideales para secar y disfrutar de ellas todo el año. Espárcelas encima de un cartón sin que se toquen durante 15 días y ve girándolas cada 12 horas. ¡No las dejes nunca al sol! Pasado este tiempo, guárdalas en un bote.

Senderuela

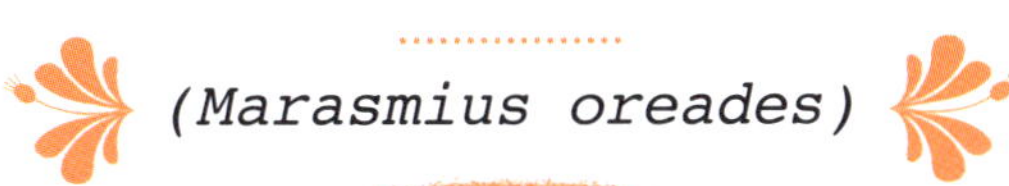

(*Marasmius oreades*)

¿Cómo es?
Es pequeña, de unos 6 cm, tiene un color marrón claro y un bulto en el sombrero. El pie es largo y delgado, casi del mismo color que el sombrero. Las láminas están muy separadas y bien definidas, y son de color más claro que el sombrero, casi blanco.

¿A cuál se parece?
A menudo se la confunde con el perrechico o seta de primavera (*Calocybe gambosa*), pero este es un poco más grande y blanquecino.

Ve con cuidado
Se la puede confundir con una seta tóxica llamada senderuela falsa decolorada (*Marasmius collinus*), pero esta tiene el pie vacío y se rompe fácilmente.

¿Dónde podemos encontrarla?
En prados abonados por el ganado o en espacios abiertos.

¿Cuándo?
Es más frecuente en primavera, pero también en verano y, a veces, incluso a mediados de otoño.

Champiñón

(*Agaricus campestris*)

¿Cómo es?
Es de color blanco. Su sombrero es redondeado y muy carnoso. Las láminas de un ejemplar joven son blancas, pero después se oscurecen. Tiene un anillo blanco muy frágil. El pie es recto, blanco, liso, vacío por dentro y fácilmente separable del sombrero.

¿A cuál se parece?
A la bola de nieve (*Agaricus arvensis*), que huele a anís.

Ve con cuidado
Aunque su aspecto es muy característico, se puede confundir con un par de setas tóxicas: con el champiñón amarilleante o seta de campo indigesta (*Agaricus xanthoderma*), que puedes identificar por su mal olor. Los márgenes son diferentes porque se doblan hacia dentro, el anillo es más grande y las láminas son blancas. También con la oronja mortal

(*Amanita phalloides*), pero la diferencia es que esta tiene las láminas totalmente blancas.

¿Dónde podemos encontrarla?
En los prados, los márgenes y los claros del bosque. Crece en grupos muy numerosos.

¿Cuándo?
De primavera a otoño.

Un truco para encontrarla
Búscala entre los prados abonados o allí donde los animales de pasto hayan dejado sus excrementos; se puede decir que le gusta estar rodeada de caquitas. Aunque cueste de creer, las heces son abono de primera calidad para muchos cultivos.

Debes saber que...
Cuando las láminas de un champiñón son muy oscuras, significa que es viejo y, por tanto, es mejor que no lo cojas.

Una curiosidad
En Francia, todas las setas son champiñones, es decir, la palabra general para denominar a las setas es *champignon*. Cuando se quieren referir al champiñón en concreto, lo llaman *champignon de Paris*.

Lo mejor de esta seta...
La puedes cultivar en tu propia casa.

¿Qué la hace especial?
Es la seta más cultivada: se producen miles de toneladas al año en el mundo. Es más fácil que la encuentres en la tienda y es muy común en todo tipo de platos.

En la cocina
Se cultiva sobre balas de paja, pero el champiñón cultivado no es tan sabroso como el de bosque.

Rebozuelo

(Cantharellus cibarius)

¿Cómo es?
Es de color amarillo claro. El pie es estrecho en la base y se ensancha hasta el sombrero, que es irregular y con forma de embudo. En vez de láminas, tiene márgenes con pliegues irregulares hasta el pie. Puede medir 10 cm de ancho.

¿A cuál se parece?
Al falso rebozuelo (*Hygrophoropsis aurantiaca*), pero este es más anaranjado, la superficie del sombrero es aterciopelada y tiene láminas finas en vez de pliegues.

Ve con cuidado
Lo podrías confundir con la seta del olivo (*Omphalotus olearius*), que es venenosa y te podría causar fuertes dolores de barriga. La seta del olivo tiene un color más anaranjado y la encontrarás al pie del olivo, allí donde nunca encontrarías un rebozuelo.

¿Dónde podemos encontrarla?
En los bosques de encinas, robles, pinos, abetos y hasta en hayedos.

¿Cuándo?
Desde finales de primavera hasta otoño.

Un truco para encontrarla
Es más fácil encontrarla en encinares y robledas que en bosques de coníferas (pinos, abetos...). Le encanta la humedad.

Debes saber que...
Cuando envejece, tiene unos colores muy diferentes: las puntas del sombrero se vuelven negras y el resto tiende a un color más marrón, pero la seguirás reconociendo por su forma.

Una curiosidad
Es una seta con una forma atípica: su sombrero no tiene forma de paraguas y tiene pliegues; por lo tanto, las pocas esporas que produce no quedan bien protegidas y su reproducción es poco eficiente. En terrenos europeos, está tendiendo a desaparecer.

Lo mejor de esta seta...
La reconocerás de inmediato porque es fácil de localizar y difícil de confundir. Aparece brillante como si el bosque se hubiera vestido con lentejuelas amarillas.

¿Qué la hace especial?
Desprende un olor dulce que recuerda a la ciruela o al albaricoque.

En la cocina
Es conocida en todo el mundo por el buen sabor que le da a las salsas. En los países nórdicos también crece y se cocina, pero allí sale solo en julio y agosto, porque antes y después hace demasiado frío.

Un truco para encontrarla
Sale en grupos muy numerosos después de unos días de lluvia. Crece en espacios abiertos. Y donde hayas encontrado unas cuantas, vuelve al cabo de unos días porque acostumbra a crecer en el mismo sitio.

Debes saber que...
Los ejemplares que crecen en los márgenes o en campos adobados suelen absorber los metales pesados; por lo tanto, no es recomendable cogerlos porque pueden contener substancias tóxicas que pueden dañar tu salud.

Una curiosidad
Cambia mucho con el tiempo. Pasa de ser bajita, con un sombrero en forma de huevo, a ser muy esbelta y con el sombrero plano; y de tener un color blanco, a ser rosa con muchas escamas negras.

Lo mejor de esta seta...
Es habitual verla en ambientes urbanos; por lo tanto, no hace falta que te alejes mucho de casa para encontrarla.

¿Qué la hace especial?
De adulta, «chorrea tinta»: cuando el sombrero cambia de forma y se vuelve cónico, el margen se retuerce hacia afuera mientras se va deshaciendo y va chorreando un líquido negro, que parece tinta.

En la cocina
Es una seta deliciosa con un sabor muy delicado. Cocinada a la plancha con un poco de mantequilla queda buenísima.

Seta de tinta o barbuda

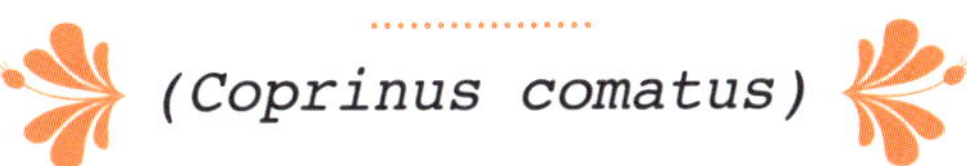

(Coprinus comatus)

¿Cómo es?
Es de color blanco. El sombrero tiene forma de huevo cuando es joven, pero después se va acampanando. Está cubierta de escamas, que se van oscureciendo: con el tiempo, pasan a ser rosadas y, finalmente, negras. El pie es muy largo, puede llegar a medir 15 cm.

¿A cuál se parece?
A *Coprinus atramentarius*, que puede ser indigesta y causar intoxicación si se consume con una bebida alcohólica; de ahí su nombre vulgar: *coprino antialcohólico*. Pero esta es más pequeña, tiene un tono marrón y no tiene tantas escamas.

¿Dónde podemos encontrarla?
En prados y zonas abiertas. También en los márgenes de los caminos. Tiende a crecer en zonas con actividad agrícola y ganadera, donde la tierra esta abonada y contiene todos los nutrientes que tanto gustan a la seta de tinta.

¿Cuándo?
A finales de primavera, en verano y otoño.

Hongo negro

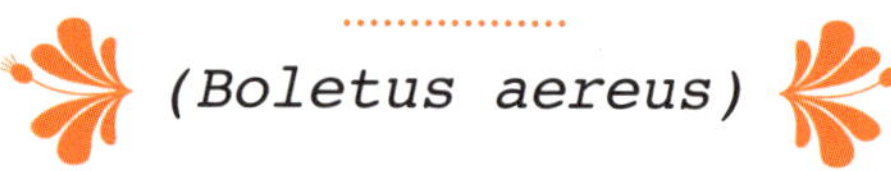

(*Boletus aereus*)

¿Cómo es?
Es grande, carnoso y robusto. Su sombrero es de un color muy oscuro con unos poros blancos. El pie es grande y abombado, de color blanco o beis. Cuando es joven, tiene forma de tapón de botella de cava.

¿A cuál se parece?
Hay más boletus comestibles, como el *Boletus aestivalis*, con el sombrero más claro, o el *Boletus edulis*, que es de color marrón, pero no tan oscuro. El hongo negro es el más oscuro de toda la familia.

Ve con cuidado
Puedes confundirlo con un hongo tóxico que tiene un nombre muy divertido: *Boletus satanas* o boleto de satanás, en nombre vulgar. Te puede provocar vómitos o diarrea. Pero los distinguirás porque el tóxico tiene el sombrero claro, el pie rojizo y huele mal.

¿Dónde podemos encontrarlo?
Al pie de alcornoques, pinos de montaña, encinas o robles.

¿Cuándo?
En verano y a principios de otoño.

Un truco para encontrarlo
Búscalo en los claros de los bosques de hoja caduca.

Debes saber que...
Se carcome con facilidad, por eso, cuando lo cojas, debes limpiarlo con un cepillo y eliminar la tierra y los insectos que pueda tener.

Una curiosidad
No es muy amante del frío. Puedes encontrar muchos *boletus* o ninguno según el tiempo que haga cada año.

Lo mejor de esta seta...
Su carne es dura y aromática, y tiene un sabor muy especial similar al de la nuez o la avellana.

¿Qué lo hace especial?
La parte del himenio o bajo el sombrero parece una esponja. En vez de tener láminas, como la mayoría de hongos, está formado por un material blando que le da ese aspecto.

En la cocina
Es una de las setas más usadas en la cocina porque está buenísima, ya sea cruda o para condimento guisos. Si llegas a casa con la cesta llena de *boletus*, todos se pondrán muy contentos.

Trompeta de los muertos

(Craterellus cornucopioides)

¿Cómo es?
Es una seta pequeña con forma de embudo o cucurucho. Su sombrero es marrón oscuro o negro. Los márgenes son ondulados y se enroscan hacia abajo. El pie es más claro, cilíndrico y más estrecho en la base.

¿A cuál se parece?
A la trompeta cenicienta o negra (*Cantharellus cinereus*), pero esta es más pequeña. Por la forma, se parece a la trompeta amarilla (*Cantharellus lutescens*), pero se diferencian por el color.

¿Dónde la podemos encontrar?
En bosques frescos y húmedos. Suelen crecer en la sombra de los robles, hayas, castaños o encinas.

¿Cuándo?
Desde finales de verano hasta principios de invierno.

Un truco para encontrarla
Búscala entre el musgo porque le gusta mucho la humedad. Acostumbra a crecer en grupos numerosos.

Debes saber que...
El interior del pie está vacío. Ten cuidado porque por el agujero del sombrero puede llenarse de gusanos, tierra y otros elementos no comestibles.

Una curiosidad
Como en grandes cantidades es indigesta, puedes usarla en polvo. Déjala secar y machácala hasta reducirla a polvo; te servirá para condimentar algunos platos.

Lo mejor de esta seta...
Tiene una carne fina y fibrosa que difícilmente se pudre.

¿Qué la hace especial?
El color y la forma que tiene. Es muy original, muy diferente al resto.

En la cocina
Dado que tiene un sabor parecido al de la trufa (*Tuber brumale*), se la llama *la trufa de los pobres*.

Un truco para encontrarla
No aparece en grupo, es una seta discreta e independiente. Le gustan los suelos arenosos y arcillosos, y no la busques dentro del bosque, sino en los claros o caminos que lo atraviesan.

Debes saber que...
Aparece en documentos muy antiguos. Dicen que antes, durante el invierno, no faltaba nunca un buen puñado de orejas de gato en las sopas.

Una curiosidad
Es una de las setas más extendidas. Se puede encontrar en América del Norte y hasta en la China o en Japón.

¿Qué la hace especial?
La oreja de gato tiene un perfil muy atípico: el sombrero tiene forma de silla de montar, por eso en muchos sitios recibe el nombre de *silla de montar fantástica*.

En la cocina
Aunque tiene poca carne, se puede comer, pero bien cocinada; no te la tomes cruda porque puede ser tóxica.

Oreja de gato

(Helvella crispa)

¿Cómo es?
Tiene una forma muy peculiar y reconocible: el pie está vacío y recubierto de surcos de arriba abajo, y su sombrero aparece arrugado. Puede medir hasta 13 cm de altura y es de color blanco, pero con el tiempo la parte superior se va volviendo gris .

¿A cuál se parece?
Se puede confundir con la oreja de gato blanca o crispilla blanca (*Helvella pithyophila*), que tiene el mismo sombrero estrafalario y es casi idéntica, pero esta tiene el pie de un color más grisáceo.

¿Dónde podemos encontrarla?
En los márgenes y claros de los bosques de encinas, pinos y robles si están húmedos.

¿Cuándo?
Desde finales de verano hasta finales de otoño.

Oronja

(*Amanita caesarea*)

¿Cómo es?
Cuando nace, parece un huevo duro, recubierto por una fina membrana blanca. A medida que va creciendo, va mostrado su sombrero anaranjado y los restos de la membrana se quedan en el pie, que es amarillo y grueso. Las láminas, desiguales, son amarillas, como el anillo.

¿A cuál se parece? Ve con cuidado
Puedes confundirla con la falsa oronja (*Amanita muscaria*), que es muy tóxica, pero esta tiene el pie y las láminas de color blanco, y el sombrero es rojo con picos blancos, aunque puede pasar que, si ha llovido, se la hayan caído los picos.

¿Dónde la podemos encontrar?
En los claros soleados y en bosques, sobre todo de robles y castaños. También puedes encontrarla entre matorrales mediterráneos.

¿Cuándo?
A finales del verano y principios del otoño.

Un truco para encontrarla
Busca la orientación sur del bosque: le gusta mucho tomar el sol.

Debes saber que…
Es una seta muy sibarita: si las condiciones no son de su agrado, saldrán muy pocas oronjas. Pero si el verano ha sido caluroso y húmedo, las encontrarás hasta octubre.

Una curiosidad
Su sombrero cambia de forma: cuando sale del «huevo», es redondeado y después se va aplanando.

Lo mejor de esta seta…
Tiene un sabor delicioso.

¿Qué la hace especial?
Huele muy bien. Desprende un suave perfume muy agradable.

En la cocina
En época del Imperio Romano ya era una seta muy valorada, por eso su nombre científico es *caesarea*, que viene de César. Al emperador Claudio le gustaba tanto la oronja que cuentan que lo envenenaron mezclando trozos de oronja con los de otra seta venenosa.

Ve con cuidado
Cuando todavía es un huevo, se parece al huevo de la oronja mortal o amanita verde (*Amanita phalloides*), que es mortal. ¡No la confundas! Córtala: si por dentro es de color naranja, es comestible. Si es de color verde, es la mortal, así que ya la puedes tirar.

Un truco para encontrarla
Acostumbra a crecer en suelos muy permeables que no quedan anegados de agua. La encontrarás en valles y en zonas sin pendiente.

Debes saber que...
De joven, el sombrero tiene una forma más bien esférica, pero cuando crece se aplana y se abre.

Una curiosidad
El anillo no está pegado. Si lo coges suavemente con los dedos, puedes moverlo arriba y abajo.

Lo mejor de esta seta...
Es una seta *macro* (como su nombre científico indica), es decir, una seta grande que puede llegar a crecer hasta los 40 cm. ¡Cuidado con chutarla o pisarla sin querer!

¿Qué la hace especial?
Su fisonomía. Es recta y esvelta, y por su forma nos recuerda a las sombrillas de las señoras más elegantes. De entre todas las setas, es la más apuesta.

En la cocina
El pie tan estirado es demasiado duro para comer, pero el sombrero es bastante sabroso. Es muy apreciada en la cocina. Un manera original y buenísima de comerla es rebozada, como si fuera una pechuga de pollo empanada; así es como se la comen en Alemania.

Matacandelas

(*Macrolepiota procera*)

¿Cómo es?
Es alargada y muy alta, y el pie, que es cilíndrico y delgado, puede llegar a medir 40 cm. Cuando sale el sombrero, tiene forma de huevo cerrado, pero después se abre como una sombrilla, de color blanquecino. Su cutícula está cubierta por unas escamas de color marrón levantadas por un extremo. El pie es.

¿A cuál se parece?
Las setas del mismo género *Macrolepiota* se parecen mucho entre ellas. La *Macrolepiota rhacodes* tiene el mismo aspecto, pero no es tan esbelta y el sombrero puede tener forma cóncava.
En cambio, la *Macrolepiota mastoidea* es más pequeña.
No son setas tan conocidas y por eso no tienen nombres en vulgar.

¿Dónde podemos encontrarla?
Crece en espacios abiertos, en bosques despejados y en los márgenes. Sobre todo a media montaña.

¿Cuándo?
A finales de verano y en otoño.

Un truco para encontrarla
No es una seta abundante y además se sabe esconder muy bien entre la hojarasca. Búscala en lugares sombríos y húmedos.

Debes saber que...
Se carcome con mucha facilidad.

Una curiosidad
Si el tiempo es más bien húmedo, el higróforo escarlata es viscoso; en cambio, si es seco, tiene un tacto fino y sedoso.

Lo mejor de esta seta...
Es ideal para hacer en conserva.

¿Qué la hace especial?
Este color rosado desigual que tiene hace que parezca que la hayan lavado con vino de mesa.

En la cocina
No tiene muy buen sabor, pero, si le quitas la cutícula y le añades azúcar, disimularás su toque amargo.

Higróforo escarlata

(Hygrophorus russula)

¿Cómo es?
Es una seta carnosa, que puede llegar a medir 10 cm de ancho. Su sombrero es grande e irregular, y el pie también es bastante robusto. Es de color blanco con tonalidades rosas. Las láminas son blancas y pueden estar un poco manchadas de rosa.

¿A cuál se parece?
Aunque por su aspecto se puede parecer al *Hygrophorus erubescens*, popularmente conocido como *tapa de cera rosa*, no los confundirás porque crecen en lugares muy diferentes. Este lo encontrarás en suelos calcáreos y bosques de coníferas y abetos de montaña.

¿Dónde podemos encontrarla?
En bosques de árboles caducifolios, como los robledales, aunque es más de zonas cálidas que frías.

¿Cuándo?
A finales de verano y en otoño.

Trompeta amarilla

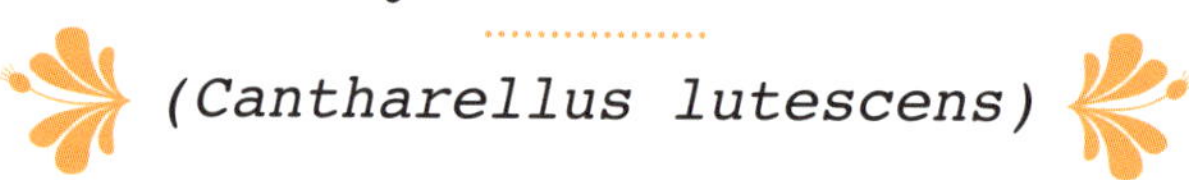

(Cantharellus lutescens)

¿Cómo es?
No es una seta muy grande, puede medir entre 2 y 6 cm. Su sombrero tiene forma de flor o embudo, y los márgenes se retuercen y son irregulares. Es de color marrón oscuro, pero el pie y los pliegues de debajo del sombrero son de color amarillo intenso.

¿A cuál se parece?
La seta que más se le parece es la angula de monte o rebozuelo atrompetado (*Cantharellus tubaeformis*), pero tiene un color menos intenso, tirando a gris, y sus pliegues son mucho más marcados. También se parece al rebozuelo (*Cantharellus cibarius*), pero este es más grande.

¿Dónde podemos encontrarla?
En la vertiente norte de bosques de pinos y abetos.

¿Cuándo?
En otoño y parte del invierno, hasta el mes de enero. La puedes encontrar incluso durante las heladas de invierno.

Un truco para encontrarla
Como es pequeña, se esconde bien entre las hojas y cuesta encontrarla. Búscala entre el musgo en zonas umbrías. Si das con una, no te muevas porque seguramente habrá muchas más alrededor.

Debes saber que...
Nunca le salen gusanos. Si está carcomida, seguramente no será una trompeta amarilla.

Una curiosidad
Es una seta que se conserva muy bien seca y la puedes encontrar en las tiendas durante todo el año.

Lo mejor de esta seta...
Es una de las setas más sabrosas que hay.

¿Qué la hace especial?
Huele muy bien, recuerda el olor de la fruta, y hasta hay quien dice que huele a vino. Pero cuando envejece pierde este olor tan característico.

En la cocina
Con las trompetas amarillas o rebozuelos se puede preparar un delicioso revuelto: se fríen en la sartén con un poco de aceite, se añade el huevo y se remueve bien todo.

Llanega

¿Cómo es?
Las llanegas o mocosas son conocidas sobre todo por estar recubiertas de una capa viscosa. Su sombrero es grande y de color marrón grisáceo. El pie es blanco y la parte superior parece enharinada. Las láminas también son blancas, y son gruesas y espaciadas.

¿A cuál se parece?
Hay llanegas de muchos tipos: llanega blanca, llanega gris, llanega perfumada, llanega negra... Todas se parecen en la forma y porque son viscosas; la diferencia está en el color del sombrero y del pie, pero no hay peligro si te confundes porque todas son comestibles.

Ve con cuidado
No salgas a buscar llanegas en días secos o en los que haya soplado viento porque pierden su mucosidad característica y las puedes confundir

fácilmente con otras setas, sobre todo la llanega blanca.

¿Dónde podemos encontrarla?
En bosques de coníferas: pinos, abetos, cedros, cipreses... Suele crecer a bastante altura, en cotas superiores a los 1000 m.

¿Cuándo?
En otoño y a principios de invierno.

Un truco para encontrarla
Búscala en terrenos calcáreos y sobre todo al pie del pino silvestre o pino carrasqueño. Un terreno con boj y con romeros indica que vas bien. Busca entre los arbustos.

Debes saber que...
A principios de temporada, la encontrarás en zonas húmedas y frescas del bosque. Más adelante, buscando el sol del invierno.

Una curiosidad
La mucosidad es una defensa para evitar que los insectos pongan sus huevos, por eso no se carcome, ya que los insectos no pueden quedarse en ella, sino que resbalan.

Lo mejor de esta seta...
Su sabor: es muy suave y de los más valorados entre todas las setas.

¿Qué la hace especial?
Su viscosidad. Si el tiempo es húmedo, la mucosidad puede ser muy abundante. Puede darte cierto repelús tocarlas; además, cuando las cojas se te pueden escurrir entre los dedos.

En la cocina
Es una de las pocas setas, junto con el hongo negro, que se puede congelar en crudo. Se limpia con un trapo húmedo y se congela. Hay mucha gente que no lo sabe, pero es un truco ideal para comer setas fuera de temporada. Cuando te apetezcan, se descongelan y listos.

Un truco para encontrarla
Forman grupos de muchos ejemplares en forma de círculo. Es bastante común en bosques del litoral o en las montañas. Vayas donde vayas, puedes encontrar buenos ejemplares.

Debes saber que...
La carne es blanca, pero se vuelve naranja porque se oxida en contacto con el aire; así, si la cortas, puede ser que al cabo de un rato se vayan anaranjando.

Una curiosidad
Casi nunca se carcome.

Lo mejor de esta seta...
Tiene un tacto aterciopelado muy agradable.

¿Qué la hace especial?
Debajo del sombrero, en vez láminas, tiene una especie de agujas largas y delgadas muy peculiares. Si te fijas bien en esto, la podrás reconocer fácilmente.

En la cocina
Es muy apreciada para comer, pero hay que cocerla bien para reblandecer la carne y para que pierda su amargor. El agua de la cocción no se aprovecha porque amargaría el plato.

Lengua de vaca

(*Hydnum repandum*)

¿Cómo es?
Su sombrero es irregular y abultado, y puede medir 10 cm. No tiene láminas, sino un tipo de agujas. Es de color crema y su pie es bastante corto.

¿A cuál se parece?
La lengua de vaca se parece a la lengua de gato o gamuza (*Hydnum rufescens*), pero esta es más pequeña y tiene el sombrero anaranjado.

¿Dónde podemos encontrarla?
Puede vivir en todo tipo de bosques, aunque prefiere los bosques planifolios y caducifolios, es decir, donde haya árboles de hoja caduca, como en los robledales o en los bosques de almeces. Es muy común y la puedes encontrar desde el litoral hasta los bosques de montaña.

¿Cuándo?
En otoño y a principios de invierno.

Níscalo robellón

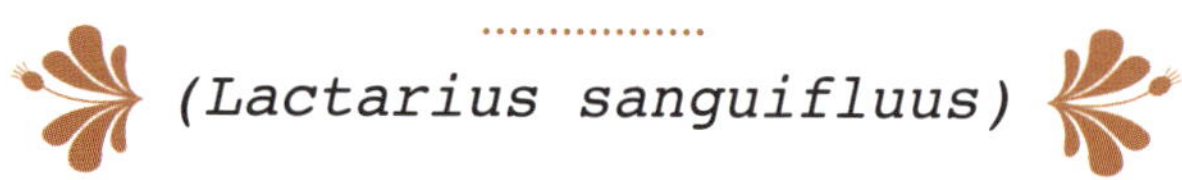

(Lactarius sanguifluus)

¿Cómo es?
Hay níscalos de muchos tipos: el níscalo de pino negro, de color gris verdoso; o el de abeto, anaranjado. Hay también el níscalo de sangre vinosa y el níscalo vinoso. Su sombrero es suave, grande y a veces puede parecer un embudo. Sus láminas son finas y prietas. El pie es cilíndrico y grueso, del mismo color que el sombrero.

¿A cuál se parece?
Es muy parecido al *Lactarius deliciosus*. Si encuentras un níscalo de este tipo, estás de suerte porque es uno de los más valorados y es muy escaso. Este es anaranjado, puede tener alguna mancha de color verde y, en el sombrero, tiene dibujados unos círculos.

¿Dónde podemos encontrarlo?
Los níscalos crecen en bosques de pino negro y abetos; los níscalos de sangre vinosa, en terrenos calcáreos, y el níscalo vinoso, cerca del litoral. No verás muchos por encima de los 800 m.

¿Cuándo?
En otoño.

Un truco para encontrarlo
A menudo se esconde en el sotobosque, no es fácil de encontrar.

Debes saber que...
Es tan sabroso que, desafortunadamente, también les encanta a los gusanos. Antes de ponerlo en la cesta, corta con el cuchillo las partes con gusanos y llévate el resto. No confundas los agujeros de los gusanos con unas pequeñas heridas que puede tener en el sombrero o en el pie, y que son normales.

Una curiosidad
La carne es dura, pero el pie está vacío por dentro y, cuando lo pellizcas, a menudo se deshace como en forma de migas.

Lo mejor de esta seta...
Se valora mucho por el sabor que tiene. Es un producto estrella.

¿Qué lo hace especial?
Cuando los cortas por el sombrero, segregan un líquido o leche. Su nombre científico ya lo indica: *lactarius*, es decir, que tiene leche y *sanguifluus*, de sangre. Los de pino negro y abeto, por ejemplo, segregan un líquido naranja; el níscalo de sangre vinosa, de color rojo, que parece sangre; y el líquido del níscalo vinoso es más oscuro y recuerda el color del color vino. Si segrega líquido blanco o amarillo, ten cuidado porque significa que la seta no es buena.

En la cocina
Los níscalos están deliciosos asados a la parrilla con ajo y perejil. Están tan buenos que no necesitan más acompañamiento.

Cuesco de lobo

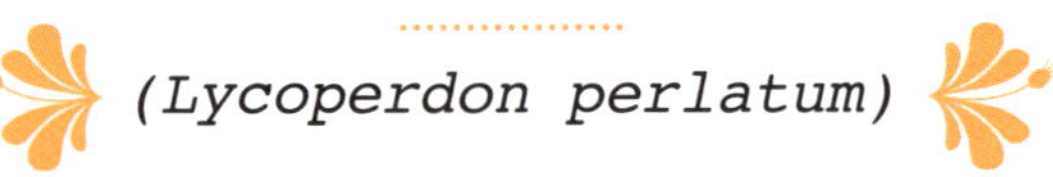

(Lycoperdon perlatum)

¿Cómo es?
Tiene el sombrero en forma de globo. Toda ella parece una bombilla. Es de color blanco y está recubierta de pequeñas verrugas. A medida que pasa el tiempo, se va oscureciendo y adopta un color más pardo, le caen las verrugas y queda marcada con una retícula muy curiosa.

¿A cuál se parece?
Al hongo pera (*Lycoperdon pyriforme*), pero este tiene más forma de pera, es de un color más violeta y las verrugas del sombrero no son tan evidentes.

¿Dónde podemos encontrarla?
Crece en grupo en todo tipo de bosques, pero tiene predilección por los bosques de coníferas.

¿Cuándo?
Todo el año, pero sobre todo en otoño.

Un truco para encontrarla
Es la típica seta imprevisible, que crece por todas partes durante todo el año y en grupos.

Debes saber que...
Recientemente se ha convertido en una seta muy apreciada en el ámbito de la medicina porque se ha descubierto que sus propiedades ayudan a cicatrizar heridas.

Una curiosidad
La seta adulta se abre por la parte de arriba. Sobre todo cuando llueve, le cae alguna ramita o incluso si le das un golpe con el pie sin querer, la seta explota y expulsa una nube de esporas maduras, que parecen polvo o humo. Y esta es su manera de reproducirse: el polvo se esparce por el aire y deposita las esporas en otras zonas.

Lo mejor de esta seta...
No es nada exigente y crece por todas partes. Crece superfeliz en bosques de todo tipo, en praderas o en jardines.

¿Qué la hace especial?
Su forma. Para referirse a ella se dice que tiene forma de globo, de pera o de peonza.

En la cocina
No es muy valorada porque no tiene muy buen sabor, pero salteada con ajos puede tener más gracia. También se puede cortar en láminas y comerla rebozada.

Un truco para encontrarla
En vez de mirar hacia abajo, si levantas la vista del suelo, la encontrarás más arriba porque crece en los troncos. Aunque también es fácil encontrarla en troncos de árboles caídos y muertos.

Debes saber que...
Es una seta muy ecológica, porque cuando se instala en los troncos muertos del bosque ayuda a que la madera se descomponga. Entonces, sus nutrientes vuelven al suelo. Así, pueden crecer muchas especies vegetales y se regenera la vegetación del bosque.

Una curiosidad
La especie recibe el nombre de *ostreatus* porque el sombrero se parece mucho a la ostra. En francés y en español, esto se hace notar en el nombre: *pleurote en coquille* y seta de ostra.

Lo mejor de esta seta...
Tiene propiedades medicinales. Se ha descubierto que es muy beneficiosa para el sistema inmunitario, es decir, para las defensas del cuerpo que nos ayudan a luchar contra las enfermedades.

¿Qué la hace especial?
Le gustan las heladas.

En la cocina
¿Te atreves a hacer una conserva con esta seta? Limpia las setas y escáldalas entre 2 y 3 minutos en agua con sal. Escúrrelas. En un bote, ve poniendo capas: primero, una capa de setas muy juntas en el fondo sin dejar espacios vacíos; después, una capa de sal gruesa; ahora, una capa de setas de nuevo... Así, las puedes conservar todo un año.

Gírgola, seta de ostra

(*Pleurotus ostreatus*)

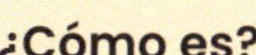

¿Cómo es?
Crece en forma de ramo en el tronco de los árboles. Es grande, ya que su sombrero puede llegar a medir 20 cm de diámetro. Toda la seta es de un color gris claro. Los márgenes del sombrero se doblan hacia abajo. El pie es corto, pero puede no estar centrado y crecer de lado; a veces, puede incluso no tener pie porque se entrelazan unas con las otras.

¿A cuál se parece?
A una seta llamada *cuerno de la abundancia* (*Pleurotus cornucopiae*), pero esta es más pequeña. De la misma familia hay algunas más, pero la seta de ostra, a diferencia de las demás, no tiene velo y las láminas no llegan a la base del pie. Si te fijas en esto, podrás distinguirla fácilmente.

¿Dónde podemos encontrarla?
Sale agarrada a los troncos de madera blanca, como los chopos o los sauces, que son árboles de río.

¿Cuándo?
Desde finales de otoño hasta principios de invierno.

Pie azul, peón azul

(*Lepista nuda*)

¿Cómo es?
Tiene un color violeta muy característico. Su sombrero es carnoso y mide entre 10 y 12 cm, aplanado en el centro y doblado en los márgenes. Tiene unas láminas muy rectas, bien hechas y comprimidas que también son de color violeta. El pie es cilíndrico, grueso y firme. Es muy liso y suave al tacto, y a menudo aparece recubierto de una fina capa de polvo blanco.

¿A cuál se parece?
Se parece a otras setas de la familia de los *cortinariaceae*, todas con colores azules y violetas, incluso algunas tienen tonos muy vivos. No son setas muy conocidas, pero las reconocerás por su color, y no te preocupes porque ninguna es venenosa.

¿Dónde podemos encontrarla?
Es una seta bastante frecuente, suele aparecer en bosques

de coníferas, pero sobre todo en bosques caducifolios de robles, castaños y abedules. Curiosamente, también crece en terraplenes bastante inclinados.

¿Cuándo?
A finales de otoño y principios de invierno. No le gusta el frío ni las heladas; por eso, a medida que vaya avanzando el invierno será cada vez más difícil encontrarla.

Un truco para encontrarla
El pie azul está muy a gusto en terrenos con mucha hojarasca y musgo. Búscala en bosques frondosos que tengan mucha humedad. Mejor en bosques cálidos que fríos.

Debes saber que...
También crece en parques y jardines, y acostumbra a aparecen en grupos más o menos numerosos.

Una curiosidad
En la volva siempre tendrá hojas y ramitas pegadas, formando una especie de red o telaraña.

Lo mejor de esta seta...
Huele muy bien. Desprende un aroma afrutado y muy suave. Es mucho más agradable al olfato, que al gusto porque no tiene mucho sabor.

¿Qué la hace especial?
Su color, que puede variar ligeramente entre tonos azules violáceos, lilas, violetas..., según como sea la humedad ambiental y la edad de la seta. A medida que pasa el tiempo, el pie azul va perdiendo el tono violeta y se va volviendo cada vez más marrón o grisáceo.

En la cocina
Se cocina solo el sombrero y, una vez cocido, se puede preparar en tortilla o en un pastel de verduras. Cuando se cuece, se oscurece mucho y puede llegar a tener un color casi negro. ¡No te asustes!

Un truco para encontrarla
Ponte a correr detrás de un cerdo o perro adiestrado.

Debes saber que...
Su captura está controlada y regulada por la ley, así que no se puede coger libremente.

Una curiosidad
Los cerdos son los mejores buscadores de trufas, pero el problema está en que a ellos les gustan tanto que, cuando las encuentran, si no vigilas, se las pueden acabar comiendo. En cambio, con los perros tienes la recolecta asegurada porque prefieren otro tipo de premio, como una salchicha, por ejemplo.

Lo mejor de esta seta...
El precio que tiene. Es una seta tan deseada que, si consigues llenar una cesta, te harás de oro.

¿Qué la hace especial?
Más allá de la cocina, también se le saca provecho en el mundo de la cosmética: dicen que va muy bien contra las arrugas y que mantiene la piel con un aspecto joven y terso.

En la cocina
Los franceses la llaman *diamante de la cocina* (también recibe el sobrenombre de *oro negro*) y en la cocina se suele utilizar para aromatizar platos y embutidos, o condimentar las recetas más exquisitas.

Trufa de invierno

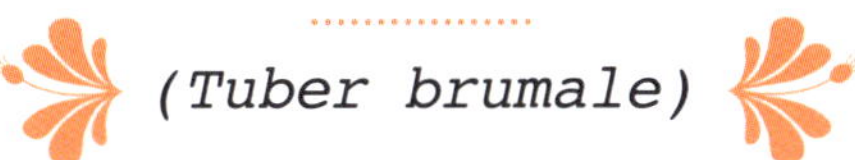

¿Cómo es?
Es redondeada, tiene forma de piedra o patata. Es de color negro y está recubierta por una especie de verrugas. Si le haces un corte, verás que por dentro es blanquecina porque está llena de unas venas blancas que le dan este color. No tiene pie.

¿A cuál se parece?
A la trufa de verano (*Tuber aestivum*), que se encuentra bajo tierra, pero es de color más claro, sus verrugas son más puntiagudas y es mucho más blanca por dentro. Esta trufa puede ser un poco más fácil de encontrar por casualidad porque no vive tan enterrada como la negra. Sale en primavera o verano.

¿Dónde podemos encontrarla?
Es casi imposible de encontrar porque crece bajo tierra. Entonces, se necesitan cerdos o perros adiestrados para encontrarlas. Acostumbran a crecer allí donde hay robles y encinas.

¿Cuándo?
A finales de otoño y en invierno.

Negrilla, ratona

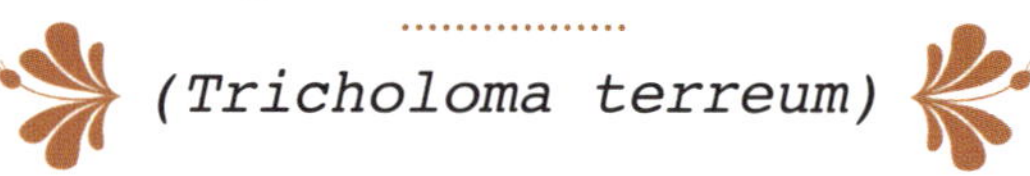

(*Tricholoma terreum*)

¿Cómo es?
Es pequeña, con un sombrero irregular que puede ser gris, negro o marrón. La reconocerás porque el centro del sombrero sobresale formando un bulto y está recubierto de una especie de pelos que le dan un aspecto como de terciopelo. Las láminas son anchas, blancas o grises. El pie acostumbra a ser de color blanco o blanco grisáceo, es delgado y cilíndrico. Como suele estar vacía por dentro, esta seta suele quedar curvada por el peso.

¿A cuál se parece?
A la capuchina, carbonera o tortullo (*Tricholoma portentosum*), que tiene el mismo aspecto, pero esta es viscosa y de color más gris violáceo. Es más grande que la negrilla.

Ve con cuidado
La puedes confundir con la *Tricholoma pardinum*, que es venenosa. El sombrero de esta seta no es tan convexo, por lo que desaparece el bulto tan característico de la negrilla.

El color de sus láminas tira a blanco crema. Si el pie de la negrilla comestible suele estar vacío, el de esta seta venenosa es robusto y está lleno. Se encuentra más en alta montaña y en bosques de abetos y hayedos.

¿Dónde podemos encontrarla?
En bosques de pinos, abetos y hayedos.

¿Cuándo?
A finales de otoño y parte del invierno, cuando ya hace frío.

Un truco para encontrarla
Búscala allí donde se haya creado un buen colchón de hojarasca y haya humedad. Levanta la hojarasca de los pinos con suavidad y la encontrarás. Siempre sale en grupo. Es fácil reconocerla por su color.

Debes saber que...
A diferencia de otras setas de su familia, esta no huele a harina.

Una curiosidad
Es una de las pocas setas comestibles que aguantan bien en invierno. Puedes encontrártela incluso congelada.

Lo mejor de esta seta...
Se reconoce fácilmente porque tiene un color gris, como de rata (de ahí, el nombre de *ratona*) y es suave como el terciopelo. Además, son pocas las setas que soportan tan bien las temperaturas frías extremas.

¿Qué la hace especial?
Es una seta muy delicada y frágil. Debes cogerla y tratarla con mucha suavidad porque se rompe fácilmente.

En la cocina
Es buena para comer: aunque no se lleva la fama de ser tan deliciosa como otras, es ideal para las salsas de los guisos.

Setas tóxicas

Oronja mortal

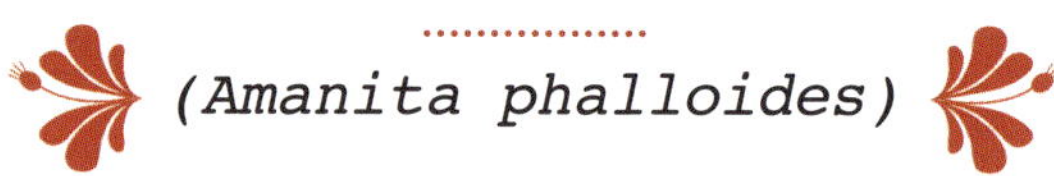

(Amanita phalloides)

¿Cómo es?
Aparece con forma de huevo, después le sale el pie y el sombrero se va abriendo: primero toma una forma convexa y luego se aplana. Es de color verde oliva, pero también se ven de color amarillo verdoso. Las láminas y el pie son blancos. Cuando el sombrero se extiende, el velo protector del huevo se despega y se queda arrapado al pie formando el anillo.

¿A cuál se parece?
A las setas de la familia de los *Agaricus*, que son los champiñones. Estos son más blancos, con láminas oscuras y sin anillo. Así, si por el bosque encuentras una seta que se parece al champiñón, pero tiene las láminas blancas, un anillo que es como una piel y un color tirando a verdoso, no la cojas porque no es un champiñón, ¡es la oronja mortal!

Un truco para encontrarla e identificarla

Puede aparecer sola o en grupo, y es muy habitual encontrarla en todo tipo de bosques, porque crece por todas partes. Debes conocer bien su aspecto para no confundirla.

Debes saber que...

Es la seta más venenosa de todas. Ingerir un solo ejemplar puede provocar la muerte. Como es muy abundante y su aspecto suele llamar la atención, te puede atraer, pero es muy peligrosa.

Una curiosidad

Dicen que huele bien, pero es mejor no acercase ni tan solo a comprobarlo. Es una trampa.

¿Qué la hace especial?

Es la seta más tóxica porque provoca la muerte. Si por casualidad alguien consume una o un trozo, debes ir al médico inmediatamente y, si puede ser, llevar algún ejemplar.

¿Dónde podemos encontrarla?

Por todas partes. Es abundante y no tiene manías para escoger el tipo de bosque. La puedes encontrar cerca de encinas, robles, hayas, coníferas y también en pinares poco calcáreos.

¿Cuándo?

A finales de verano y en otoño.

Un truco para encontrarla e identificarla
La encontraras bien agarrada a las partes inferiores de los troncos de los árboles.

Debes saber que...
Aunque no puede provocar la muerte, sí puede provocar graves trastornos intestinales.

Una curiosidad
Es una seta lignícola, es decir, que se alimenta de madera; por eso se agarra a los troncos, y puede acabar pudriéndolos.

¿Qué la hace especial?
Sus láminas son bioluminescentes, es decir, son capaces de emitir luz. Este fenómeno tan curioso es habitual en algunos hongos y otras especies animales, sobre todo marinas, pero también algunas terrestres. ¿Has visto alguna vez una luciérnaga? La manera que tiene de emitir luz es la misma que la de la seta del olivo.

Seta del olivo

(Omphalotus olearius)

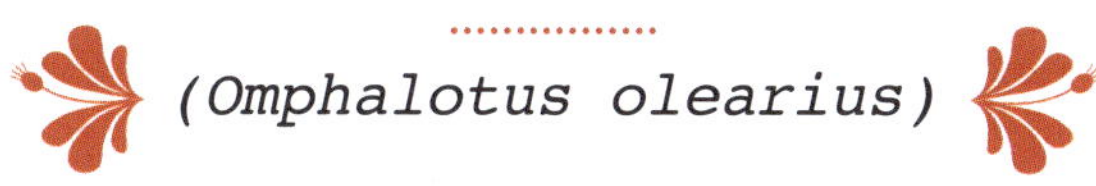

¿Cómo es?
Tiene un aspecto muy curioso porque su sombrero tiene forma de embudo, y toda ella es de un color anaranjado muy bonito. Es carnosa y tiene láminas que ya nacen desde el pie.

¿A cuál se parece?
Ten cuidado: se parece mucho al rebozuelo, pero este tiene un color más amarillento, no crece en los troncos de los árboles y el margen del sombrero está ligeramente doblado. Así, si crees haber encontrado un rebozuelo, fíjate dónde está y qué color tiene: si es anaranjada y está pegada al tronco del árbol, se trata de la seta del olivo y es venenosa.

¿Dónde podemos encontrarla?
Crece sobre todo en los troncos y las raíces del olivo, pero también en los troncos de encinas o robles.

¿Cuándo?
A finales de verano y en otoño.

Clavaria purgante

(*Ramaria formosa*)

¿Cómo es?

Parece un coral. La base es blanca, de color salmón o amarillenta, y se ramifica. No tiene sombrero. Las «ramas» son alargadas y frágiles, de color salmón, y acaban en puntas de color amarillo.

¿A cuál se parece?

A las demás setas del mismo género *Ramaria*: la ramaria coliflor (*Ramaria botrytis*), de color vinoso o salmón; la patitas de rata o manitas (*Ramaria aurea*), de color amarillo dorado, o la clavaria cenicienta (*Clavulina cinerea*), de color gris violeta. La mayoría son venenosas, excepto la coliflor y la manitas, pero la mejor recomendación es que, si no las distingues bien, no las toques.

¿Dónde podemos encontrarla?

En bosques de coníferas y bosques caducifolios.

¿Cuándo?

A finales de verano y en otoño.

Un truco para encontrarla e identificarla
La encontrarás sobre todo entre castaños, su árbol preferido.

Debes saber que...
Normalmente no es mortal, pero puede provocar fuertes diarreas y deshidratación.

Una curiosidad
Cuando se seca, se rompe fácilmente, deshaciéndose entre los dedos.

¿Qué la hace especial?
Por su aspecto de coral o de alga da la sensación de que la tengas que encontrar antes en el mar que en la tierra.

Amanita pantera

(*Amanita Pantherina*)

¿Cómo es?
Su sombrero mide unos 10 o 12 cm; primero es convexo y después se aplana. Puede ser viscosa. Es marrón, pero puede variar desde el beis hasta el marrón más oscuro. Tiene verrugas blancas en el sombrero. Las láminas y el pie son blancos. Acostumbra a tener un anillo, también blanco, y una vulva que envuelve la base.

¿A cuál se parece?
A la oronja de pie grueso (*Amanita spissa*), que sí es comestible y huele a rábano. Esta tiene el sombrero y el pie de color vino y el anillo blanco; y sus verrugas no son tan blancas como las de la amanita pantera. Como estas dos setas se pueden confundir fácilmente y una de ellas es venenosa, se recomienda no cogerlas para evitar accidentes.

¿Dónde podemos encontrarla?
En bosques mediterráneos, como pinares, robledales, castaños y hasta encinares y hayedos.

¿Cuándo?
A finales de verano y en otoño.

Un truco para encontrarla e identificarla
Es una seta muy abundante que se extiende tanto de forma individual como en grupos por muchos tipos de bosques, preferiblemente de poca altura. Por el color marrón del sombrero, la puedes confundir con la tierra, pero las verrugas blancas hacen que resalte y la veas.

Debes saber que...
Es tóxica, por lo que puede provocar muchos dolores de barriga, cólicos, diarrea, vómitos, sequedad de boca, y en alguna ocasión puede llegar a ser mortal.

Una curiosidad
El nombre *Amanita* viene de *Amanus*, unas montañas entre Turquía y Síria, donde se supone que estas setas son muy abundantes. Y *pantherina* viene del color pecoso del sombrero, que recuerda a la piel de las panteras.

¿Qué la hace especial?
Si la ingieres, te puede provocar alucinaciones y delirios.

Falsa oronja, matamoscas

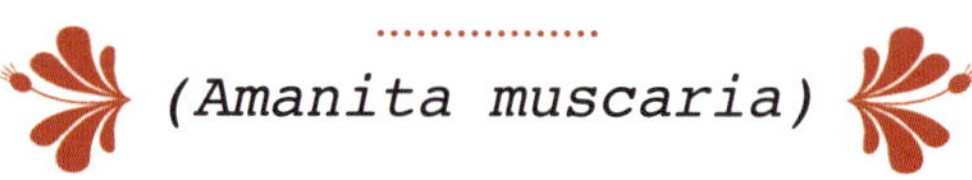

(*Amanita muscaria*)

¿Cómo es?
Su sombrero tiene forma de globo, es carnoso y es de color rojo con verrugas blancas. Las láminas son anchas, densas y de color blanco, como el pie y el anillo.

¿A cuál se parece?
Por su forma, se parece a la oronja (*Amanita caesarea*), pero tiene un color muy diferente y no tiene las verrugas blancas. Esta diferencia de colores en el sombrero, las láminas y el pie hace difícil su confusión.

¿Dónde podemos encontrarla?
En bosques caducifolios, en bosques de coníferas, en hayedos y a los pies de los abedules.

¿Cuándo?
En otoño.

Un truco para encontrarla e identificarla
Es muy fácil encontrarla porque es abundante, crece en casi cualquier tipo de bosques y tiene un color muy llamativo. Se la ve al instante. Piensa que el color rojo es el complementario del verde; por lo tanto, contrasta perfectamente con el verde de la hierba.

Debes saber que...
Es tóxica y aparte de provocar dolores de barriga, vómitos y diarrea, también puede provocar confusión mental y alucinaciones. Incluso las moscas que se le acercan y la lamen mueren; por eso también se la llama *matamoscas*.

Una curiosidad
La lluvia puede hacer desaparecer ese color rojo característico que permite que la reconozcamos fácilmente. ¡Ándate con ojo!

¿Qué la hace especial?
Es una seta muy bonita. Es la más dibujada en los cuentos. Todos nos la imaginamos como la casa de los gnomos y los duendes del bosque.

Decálogo del buen buscador de setas

1. No cojas nunca una seta que no conozcas.
2. Adéntrate en el bosque siempre con alguien.
3. Lleva un buen calzado, ropa cómoda y no te olvides la cesta ni el cuchillo.
4. Procura no alterar el ecosistema natural del bosque y déjalo siempre limpio.
5. Sal bien pronto por la mañana porque es la mejor hora para coger setas.
6. No grites. Alertarás al resto de buscadores y descubrirán tus escondites.
7. Si las setas son muy pequeñas, no las cojas; es mejor dejarlas crecer.
8. No hace falta coger muchas, solo las que necesites.
9. Si has removido hojas para coger setas, vuelve a dejarlas como estaban.
10. Lleva encima siempre esta maravillosa guía.

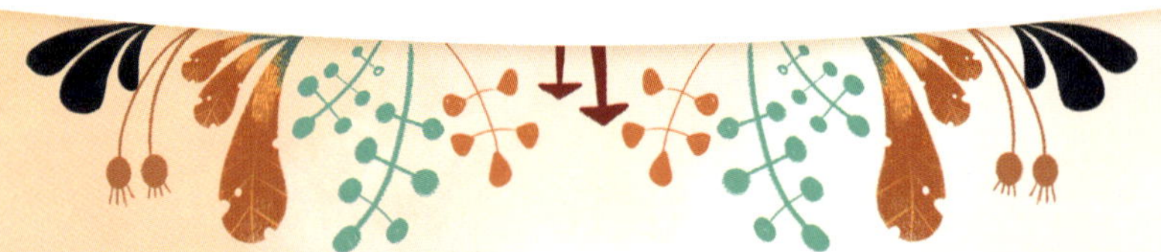